Milly Malekútí

The Persian Alphabet

We want to simplify your Persian learning journey as it is such a unique & enigmatic language. There are 32 official Persian letters. The letters change form depending on their position in a word or when they appear separate from other letters. For example, the letter ghayn غ has four ways of being written depending on where it appears in any given word:

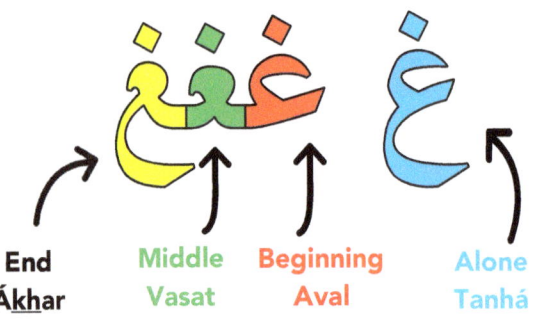

End   **Middle**   **Beginning**   **Alone**
Ákhar   Vasat   Aval   Tanhá

It is important to note that Persian books are read from right to left (←). There are 7 separate/stand-alone letters that do not connect in the same way to adjacent letters (these will be depicted in blue). They are:

Stand alone
Tanhá vámístan

The short vowels a, e & o are usually omitted in literature and are depicted by markings above & below letters (ـَ). They are not allocated a letter name, unlike their long vowel counterparts á: alef, í: ye & ú: váv (و ی آ).

Englisi	Farsi
A a	اَ ةَ (a)
Á á	آ ا ا 'alef
B b	ب ببب Be
D d	د دد dál
E e	اِ ِ ِ (e)
F f	ف فُفف fe
G g	گ گگگ gáf
H h	ه ههه he
H h	ح ححج he
Í í	ى ييي ye
J j	ج ججج jim
K k	ک ککک káf
L l	ل للل lám

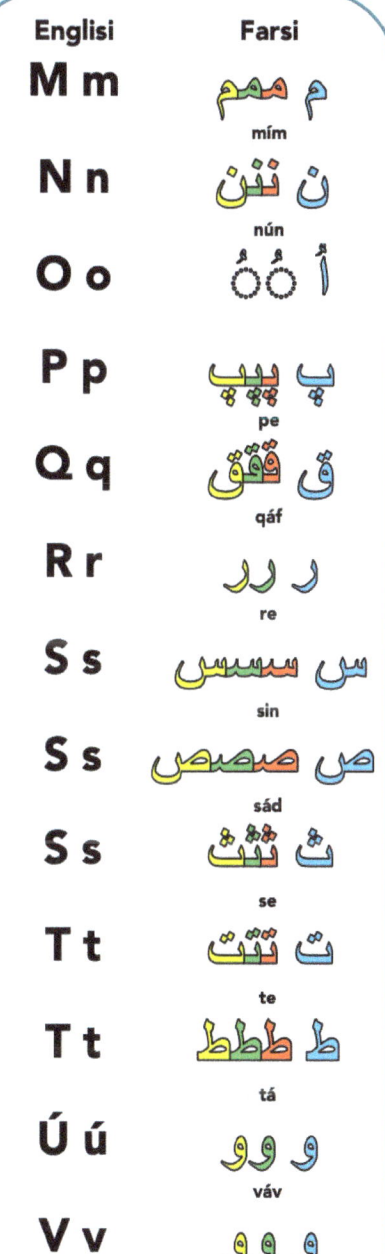

Englisi	Farsi
M m	م ممم mím
N n	ن ننن nún
O o	اُ ُ ُ (o)
P p	پ پپپ pe
Q q	ق ققق qáf
R r	ر رر re
S s	س سسس sin
S s	ص صصص sád
S s	ث ثثث se
T t	ت تتت te
T t	ط ططط tá
Ú ú	و وو váv
V v	و وو váv

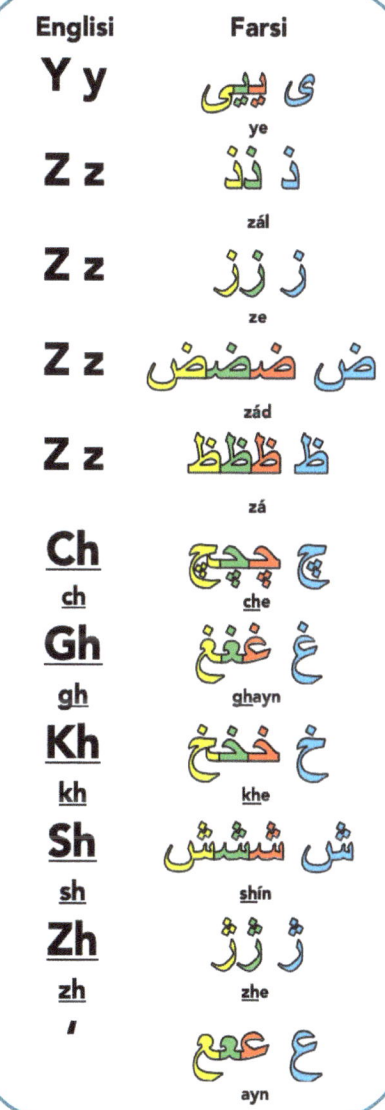

Englisi	Farsi
Y y	ى ييي ye
Z z	ذ ذذ zál
Z z	ز زز ze
Z z	ض ضضض zád
Z z	ظ ظظظ zá
Ch ch	چ چچچ che
Gh gh	غ غغغ ghayn
Kh kh	خ خخخ khe
Sh sh	ش ششش shín
Zh zh	ژ ژژ zhe
'	ع ععع ayn

Letter Guide©

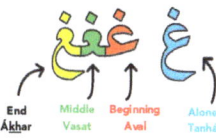

End Ákhar · Middle Vasat · Beginning Aval · Alone Tanhá

Pronunciation Guide©

Persian	English	Pronunciation
اَ	a	ant
آ	á	arm
ب	b	bat
د	d	dog
اِ	e	end
ف	f	fun
گ	g	go
ه	h	hat
ح	h	hat
ی	í	meet
ج	j	jet
ک	k	key
ل	l	love
م	m	me
ن	n	nap
أ	o	on
پ	p	pat
ق	q/gh*	merci
ر	r	run
س	s	sun
ص	s	sun
ث	s	sun

Persian	English	Pronunciation
ت	t	top
ط	t	top
و	ú	moon
و	v	van
ی	y	yes
ذ	z	zoo
ز	z	zoo
ض	z	zoo
ظ	z	zoo
چ	ch	chair
غ	gh*	merci
خ	kh*	bach
ش	sh	share
ژ	zh	pleasure
ع	ʾ	uh-oh†

- * : guttural sound from back of throat
- † : glottal stop, breathing pause
- ◌ّ : Indicates a double letter
- ◌ن : Indicates the letter n sound
- لا : Indicates combination of letter l & á (lá)
- ای : Indicates the long í sound (ee in meet)
- اِی : Indicates the long í sound (ee in meet)
- (...) : Indicates colloquial use

pregnant

bárdár

باردار

(hámeleh)

á: as (a) in <u>a</u>rm

[newborn baby: nozád]

smile

labkhand

لَبْخَند

[laugh: khandeh]

cry

geryeh

گِریِه

scream/yell

jígh

(faryád)

í: as (ee) in m<u>ee</u>t
á: as (a) in <u>a</u>rm

nappy

púshak

پوشَک

ú: as (oo) in m<u>oo</u>n

playmat & gym

toshak bází va varzesh
تُشَک بازی وَ وَرزِش

á: as (a) in arm
í: as (ee) in meet

milk

shír

شیر

í: as (ee) in m<u>ee</u>t
á: as (a) in <u>a</u>rm

[breastmilk: <u>sh</u>íre mádar]
[formula: <u>sh</u>íre <u>kh</u>o<u>sh</u>k]

brush your hair

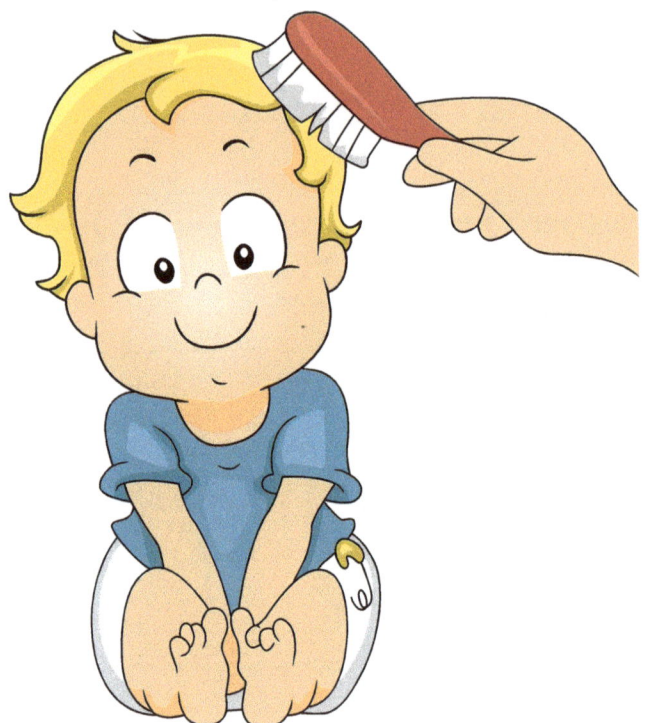

múháyet rá s̲háneh kon

مو هایِت را شانِه کُن

(shúneh kon)

ú: as (oo) in m<u>oo</u>n
á: as (a) in <u>a</u>rm

brush your teeth

dandánháyet rá mesvák bezan

دَندانهایِت را مِسواک بِزَن

(mesvák kon)

ú: as (oo) in m<u>oo</u>n
á: as (a) in <u>a</u>rm

vaccine

váksan

واكسَن

á: as (a) in <u>a</u>rm

dummy/pacifier

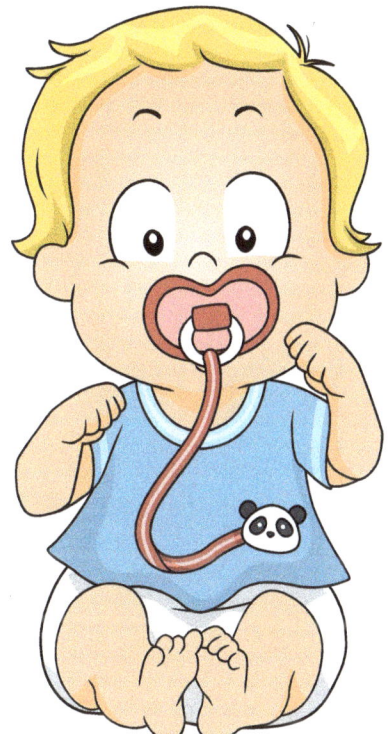

pestának

پِستانَک

(pestúnak)

á: as (a) in <u>a</u>rm
ú: as (oo) in m<u>oo</u>n

underwear

zír s̲halvárí

زیر شَلواری

(short)

í: as (ee) in m<u>ee</u>t
á: as (a) in <u>a</u>rm

swaddle

ghondágh
قُنداق

á: as (a) in arm

to eat

khordan
خوردَن

[hungry: gorosneh]

to drink

núshídan

نوشیدَن

ú: as (oo) in m<u>oo</u>n
í: as (ee) in m<u>ee</u>t

[thirsty: te<u>sh</u>neh]

poo

madfo'

مَدفوع

(ah')

[diarrhoea: ehsál]
[constipation: yúbúsat]

pee

edrár

إِدرار

(j<u>í</u><u>sh</u> / <u>sh</u><u>á</u><u>sh</u>)

á: as (a) in <u>a</u>rm
í: as (ee) in m<u>ee</u>t

naked

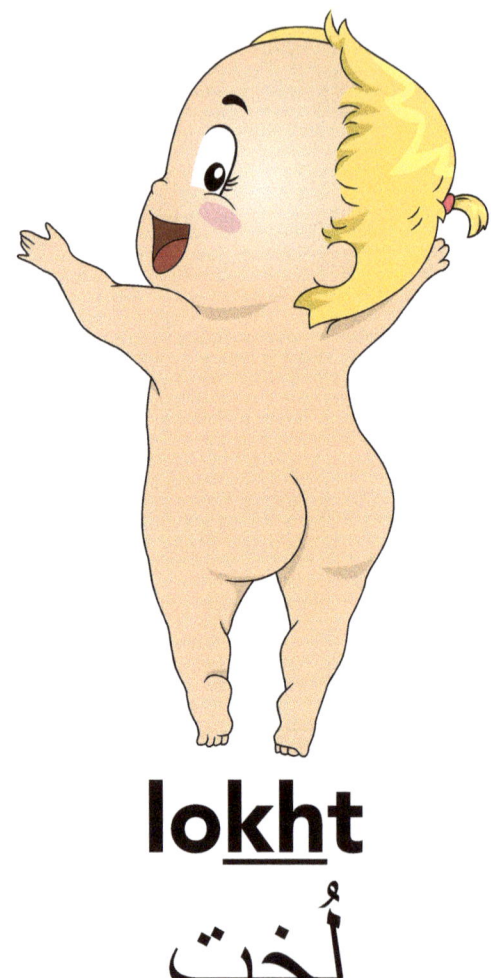

lokht
لُخت

(lokhtí pokhti / lokhto patí)

í: as (ee) in m<u>ee</u>t

tummy time

rú <u>sh</u>ekam <u>kh</u>ábídan

رو شِکم خوابیدَن

á: as (a) in <u>a</u>rm

to crawl

chahár dast va pá raftan

چَهار دَست وَ پا رَفتَن

(khazídan)

á: as (a) in arm
í: as (ee) in meet

to climb

bálá raftan

بالا رَفتَن

á: as (a) in <u>a</u>rm

roll

charkhídan
چَرخیدَن

í: as (ee) in m<u>ee</u>t

to sit

neshestan
نِشِستَن
(beshín)

to stand

ístádan

اِیستادَن

í: as (ee) in m<u>ee</u>t
á: as (a) in <u>a</u>rm

cot/crib

takhtekhábe bacheh

تَختِخواب بَچِه

á: as (a) in arm

[bed: takht]

sleep

kh<u>á</u>b

خواب

á: as (a) in <u>a</u>rm

to walk

ráh raftan
راه رَفتَن

á: as (a) in <u>a</u>rm

to run

dovídan
دُویدَن

í: as (ee) in m<u>ee</u>t

to speak

sohbat kardan
صُحبَت کردَن

mum

mámán

مامان

(mádar)

á: as (a) in a̱rm

dad

bábá

بابا

(pedar)

á: as (a) in <u>a</u>rm

brother

barádar

بَر ادَر

(dádásh)

á: as (a) in arm

sister

k̲háhar

خواهَر

á: as (a) in arm

play

bází
باز ی

á: as (a) in arm
í: as (ee) in meet

hug

baghal
بَغَل

stroller/pram

káleskeh

كالِسِكه

á: as (a) in arm

highchair

sandalíye boland

صَندَلِي بُلَند

í: as (ee) in m<u>ee</u>t

car seat

sandalíye má<u>sh</u>ín

صَندَلِي ماشين

í: as (ee) in m<u>ee</u>t
á: as (a) in <u>a</u>rm

doll

a'rúsak

عَروسَک

ú: as (oo) in m<u>oo</u>n

to swim

shená kardan

شِنا کردَن

á: as (a) in arm

clap

kaf zadan

کَف زَدَن

(dast zadan / dast dastí)

í: as (ee) in m<u>ee</u>t

bath

hamám

á: as (a) in <u>a</u>rm
ú: as (oo) in m<u>oo</u>n

[shower: dú<u>sh</u>]

yawn

khamyázeh
خَمیازِه

á: as (a) in arm

to dance

raghsídan
رَقصيدَن

[twirl: gher]

sick

maríz

í: as (ee) in m<u>ee</u>t

teething

dandán dar ávordan

دَندان دَر آوردَن

á: as (a) in <u>a</u>rm

sneeze

a'tseh

عَطِسه

thumb sucking

angúsht mekídan
اَنگُشت مِکیدَن

ú: as (oo) in m<u>oo</u>n
í: as (ee) in m<u>ee</u>t

cough

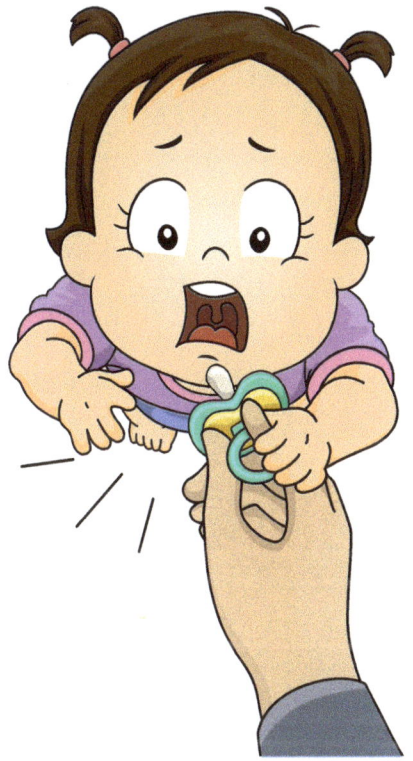

sorfeh

سُرِفه

[hiccup: seksekeh]

temperature

darejeh harárat

دَرِجه حَرارَت

á: as (a) in arm

[fever: tab]

burp/belch

bád gelú
باد گِلو
(árogh)

á: as (a) in arm
ú: as (oo) in moon

vomit

estefrágh

اِستِفراغ

á: as (a) in arm

[nausea: hálate tahavo']

Quick Reference: My first baby book

English	Finglisi™	Persian
pregnant	bárdár	باردار
new born baby	nozád	نوزاد
laugh	khandeh	خَنده
smile	labkhand	لَبخَند
cry	geryeh	گِریه
scream/yell	jígh	جیغ
nappy	púshak	پوشَک
playmat/gym	toshak bází va varzesh	تُشَک بازی وَ وَرزِش
milk	shír	شیر
vaccine	váksan	واکسَن
dummy/pacifier	pestának	پستانَک
underwear	zír shalvárí	زیر شَلواری
swaddle	ghondágh	قُنداق
to eat	khordan	خُردَن
to drink	núshídan	نوشیدَن
poo	madfo'	مَدفوع

Quick Reference: My first baby book

English	Finglisi™	Persian
pee	edrár	اِدرار
naked	lokht	لُخت
tummy time	rú shekam kábídan	رو شِکَم خوابیدَن
crawl	chahár dast va pá raftan	چَهار دَست وَ پا رَفتَن
climb	bálá raftan	بالا رَفتَن
roll	charkhídan	چَرخیدَن
to sit	neshestan	نِشِستَن
to stand	ístádan	اِیستادَن
cot/crib	takhtekhábe bacheh	تَختِخواب بَچِه
sleep	kháb	خاب
to walk	ráh raftan	راه رَفتَن
to run	dovídan	دُویدَن
to speak	sohbat kardan	صُحبَت کردَن
mum	mámán	مامان
dad	bábá	بابا

Quick Reference: My first baby book

English	Finglisi™	Persian
brother	barádar	بَرادَر
sister	kháhar	خواهَر
play	bází	بازی
hug	baghal	بَغَل
stroller/pram	káleskeh	کالسکه
highchair	sandalíye boland	صَندَلیِ بُلَند
car seat	sandalíye máshín	صَندَلیِ ماشین
doll	a'rúsak	عَروسَک
to swim	shená kardan	شِنا کردَن
clap	kaf zadan	کَف زَدَن
bath	hamám	حَمام
yawn	khamíazeh	خَمیازِه
to dance	raghsídan	رَقصیدَن
sick	maríz	مَریض
teething	dandán dar ávordan	دَندان دَر آوردَن

Quick Reference: My first baby book

English	Finglisi™	Persian
sneeze	a'tseh	عَطسِه
thumb sucking	angúsht mekídan	اَنگُشت مِکیدَن
cough	sorfeh	سُرفِه
temperature	derejeh harárat	دَرِجِه حَرارَت
burp/belch	bád gelú	باد گِلو
vomit	estefrágh	اِستِفراغ
Persian	Fársí	فارسی
English	Englísí	اِنگلیسی